Laylokhon Akhmedova

Ensino do russo/língua e literatura estrangeiras no Uzbequistão

Laylokhon Akhmedova

Ensino do russo/língua e literatura estrangeiras no Uzbequistão

ScienciaScripts

Imprint
Any brand names and product names mentioned in this book are subject to trademark, brand or patent protection and are trademarks or registered trademarks of their respective holders. The use of brand names, product names, common names, trade names, product descriptions etc. even without a particular marking in this work is in no way to be construed to mean that such names may be regarded as unrestricted in respect of trademark and brand protection legislation and could thus be used by anyone.

Cover image: www.ingimage.com

This book is a translation from the original published under ISBN 978-620-2-19720-5.

Publisher:
Sciencia Scripts
is a trademark of
Dodo Books Indian Ocean Ltd. and OmniScriptum S.R.L publishing group

120 High Road, East Finchley, London, N2 9ED, United Kingdom
Str. Armeneasca 28/1, office 1, Chisinau MD-2012, Republic of Moldova, Europe
Printed at: see last page
ISBN: 978-620-8-03594-5

Índice

ENSINO DA LITERATURA RUSSA NAS ESCOLAS DA REPÚBLICA DO UZBEQUISTÃO

As mudanças fundamentais que ocorreram na República soberana do Usbequistão ao longo dos anos da sua independência exigiram uma reformulação do conteúdo do ensino e da educação da geração mais jovem. A revisão do conceito de educação literária é condicionada pelas novas exigências da vida e pelas necessidades e tarefas da sociedade moderna.

A educação artística e a educação moral e estética baseada em valores nacionais, culturais e universais tornam-se a base da humanização das escolas secundárias de ensino geral. A literatura, enquanto disciplina de carácter emocional e figurativo, dirige-se em primeiro lugar a uma pessoa, à sua mente, à sua alma, ao seu mundo interior, que é um poderoso fator de influência na formação da personalidade.

A escola é chamada a orientar a pessoa em crescimento na cultura acumulada pela sociedade ao longo de milénios de civilização e constantemente criada por ela. Simultaneamente, a escola é obrigada a promover a autodeterminação das capacidades prevalecentes do aluno, a sua preparação para uma participação efectiva na vida da sociedade e uma escolha consciente da sua profissão.

Para o efeito, é necessário definir os objectivos de cada período da educação literária escolar com base nas capacidades etárias do aluno e no tipo de atividade principal. É de notar que as etapas do desenvolvimento literário não coincidem com os períodos de ensino numa escola moderna.

As obras de ficção incluídas no curso de literatura do 5º ao 9º ano estão divididas em três secções.

A primeira secção é constituída por obras para estudo pormenorizado (ou análise textual) na aula. São apresentadas sob os títulos dos temas do programa.

A segunda secção é constituída por obras de leitura complementar, também especificadas no programa. Estas obras alargam a compreensão dos alunos sobre a obra do escritor, permitem-lhes falar sobre a direção e os problemas da sua obra, sobre o seu percurso criativo. A leitura destas obras é obrigatória, e a natureza da análise é determinada pelo professor em função do plano de estudo do tema.

A terceira secção é constituída por trabalhos de leitura autónoma extracurricular. Esta secção muda de ano para ano e é enriquecida de acordo com a evolução da literatura (as informações a este respeito são regularmente publicadas na revista científica e metodológica "Ensino da língua e da literatura", acompanhadas de recomendações metodológicas).

Note-se que as escolas secundárias de ensino geral no Usbequistão ministram o ensino do 1° ao 9° ano e estão divididas em três fases (a literatura russa como disciplina académica é estudada a partir do 5° ano).

Na escola primária (1.° ao 4.° ano, primeira fase), são praticadas as formas elementares de comunicação dos alunos com um texto literário, formando as primeiras competências de trabalho analítico com uma obra de ficção.

Na segunda fase da educação literária (5-7 anos), a principal tarefa da educação é formar a capacidade de ver a diferença entre um escritor e outro, de compreender a originalidade da visão do mundo e do estilo artístico do escritor no âmbito da análise de uma obra separada.

Na terceira fase da educação literária (8ª e 9ª classes) é necessário revelar aos alunos as leis da literatura como um tipo especial de arte. Por isso, a teoria da literatura e o aspeto histórico-moral do estudo da arte verbal são postos em primeiro plano, e o sistema de comparação da literatura com outros tipos de arte (pintura, teatro, cinema) torna-se imperativo.

A leitura extracurricular cria os pré-requisitos necessários para o estudo da literatura na sala de aula. Para o professor, a leitura extracurricular é a melhor forma de testar a eficácia do ensino, a capacidade de transferir os conhecimentos e as competências adquiridas nas aulas para a esfera do diálogo livre com a arte.

A teoria da literatura no atual programa de literatura russa está associada ao estudo específico dos fenómenos artísticos. A sequência do domínio dos conceitos teóricos e literários é determinada por indução: tropos, estrutura de uma obra de ficção, géneros e géneros literários, personalidade artística de um escritor e, finalmente, poética histórica.

Assim, em todos os domínios da educação literária (leitura e análise de uma obra, teoria literária, leitura extracurricular, criatividade literária) é necessário evitar, em diferentes fases de desenvolvimento, operações semelhantes e estimular o movimento progressivo do aluno.

O processo de educação literária nas escolas do país tem lugar num ambiente cultural, histórico e étnico multinacional. Nestas condições, em nossa opinião, é necessário prestar atenção às seculares inter-relações históricas, culturais e literárias russo-uzbeques, à interação das culturas nacionais, à história da cultura e da literatura russas no Uzbequistão, o que influenciará indubitavelmente a formação de sentimentos patrióticos nos estudantes, o seu envolvimento nos acontecimentos actuais.

O processo de estudo da literatura nativa e mundial (incluindo a uzbeque) está ligado à penetração das crianças em idade escolar na cultura espiritual do povo e ao domínio de ideias universais sobre os critérios básicos de moralidade desenvolvidos pela humanidade.

É sabido que o desenvolvimento literário do aluno está diretamente relacionado com o desenvolvimento geral, com a formação da visão do mundo, com a evolução das avaliações e percepções morais. Por isso, a tarefa do curso de literatura na escola é apoiar-se no desenvolvimento geral do aluno e estimulá-lo, contribuindo para o crescimento da personalidade.

O objetivo geral da educação literária na escola secundária de ensino geral é apresentar aos alunos as riquezas da ficção nacional e mundial, desenvolver a sua capacidade de perceber e avaliar esteticamente as obras de arte da palavra, formar os seus gostos e necessidades estéticas, orientações morais e de valores, desenvolver o discurso emocional e figurativo dos alunos.

Os indicadores gerais para atingir o objetivo da educação literária são: -aptidão dos alunos (versatilidade, sistematicidade, orientação da leitura); formação de interesses de leitura;

- profundidade do domínio do conteúdo ideológico e figurativo da obra;
- o nível de domínio dos conhecimentos de teoria literária;
- qualidade das competências de discurso formadas no processo de estudo da literatura.

O conteúdo da educação literária nas escolas secundárias de ensino geral no Usbequistão é determinado pela componente básica definida pela Norma Educativa Estatal e pela solução de problemas específicos em cada fase.

As obras de literatura russa ocupam um lugar central no programa. Simultaneamente, os alunos são familiarizados com obras da literatura mundial (em tradução), o que cria os pré-requisitos para a formação de uma compreensão da unidade e diversidade da literatura mundial e da originalidade e singularidade da literatura russa. Por exemplo, através do estudo dos contos de fadas russos, uzbeques, folclóricos e literários e dos contos de fadas dos povos do mundo, os alunos compreendem as noções éticas do bem e do mal próprias do homem em geral, compreendem as caraterísticas artísticas da linguagem dos contos de fadas e o seu significado alegórico.

A literatura russa do século XIX é apresentada no programa num volume bastante grande, o que se deve à sua importância global. As obras deste período oferecem grandes oportunidades para os estudantes compreenderem várias personagens humanas, o seu conteúdo nacional e universal.

É dado um lugar significativo à literatura russa do século XX, que tem um grande potencial artístico e educativo e apresenta uma diversidade temática e de géneros.

O programa contém igualmente obras orientais que reflectem o tema do Oriente nas obras de escritores e poetas russos (por exemplo, I.A. Bunin, S.A. Esenin, A.A. Akhmatova). Estas obras permitem revelar a semelhança dos destinos históricos dos povos, o seu movimento no caminho da compreensão etno-cultural.

O programa reflecte também a literatura russa do Uzbequistão (obras de escritores russos residentes no Uzbequistão e obras de escritores e poetas uzbeques que escrevem em russo), representada pelos nomes de A. Ivanov, N. Krasilnikov, S. Madaliyev, A. Feinberg, R. Farhadi e outros.

O conteúdo da disciplina "Literatura" inclui obras de ficção, ensaios sobre a vida de escritores e poetas, informações sobre a teoria da literatura, artigos literário-críticos e educativos, comentários, etc.

O programa de estudo da literatura russa assenta em princípios concêntricos e cronológicos (em cada aula, partindo da literatura do passado - até à moderna).

O princípio concetual permite estabelecer uma continuidade no ensino (por exemplo, o mesmo escritor é representado em cada etapa do ensino por obras diferentes com uma complicação progressiva dos problemas, do sistema de imagens, das caraterísticas de composição dos géneros das obras, etc.), ter em conta os interesses e as oportunidades dos alunos em função da sua idade.

O princípio cronológico não exclui outros princípios de combinação das obras estudadas. Por exemplo, no 5.º ano, é combinado com o género e o problema-temático (arte popular oral, contos de fadas literários, fábulas).

Assim, como mostra a experiência de trabalho com os alunos durante a prática pedagógica de qualificação nas escolas secundárias de ensino geral da República do Uzbequistão, o programa de estudo da literatura russa, baseado em princípios concêntricos e cronológicos, ajuda os alunos a compreender o processo de desenvolvimento da literatura, a sua estreita ligação com a vida, a especificidade da reflexão da realidade na forma de arte. Além disso, esta disposição do material literário, na nossa opinião, cria oportunidades óptimas para a implementação de ligações intra-sujeito e inter-sujeito, correlação de temas, imagens, géneros de diferentes literaturas e outras formas de arte (pintura, música, escultura, teatro, etc.).

SOBRE A UTILIZAÇÃO DAS TECNOLOGIAS DA INFORMAÇÃO NO ENSINO DAS LÍNGUAS ESTRANGEIRAS NA UNIVERSIDADE

REPÚBLICA DO UZBEQUISTÃO

O nascimento de todos os sistemas educativos do mundo foi sempre predeterminado e condicionado pelas ordens socioeconómicas da sociedade. A tarefa primordial de todos estes sistemas é dar à sociedade uma pessoa educada que possa pensar criticamente, ser capaz de gerar novas ideias, pensar criativamente, adquirir e aplicar conhecimentos de forma independente na prática, trabalhar competentemente com a informação (pesquisar, analisar, sistematizar, generalizar, tirar conclusões e fazer propostas construtivas), ser comunicativa, contactável em vários grupos sociais, ser capaz de trabalhar em conjunto em diferentes áreas e situações, prevenindo ou saindo habilmente de quaisquer situações de conflito; trabalhar de forma independente e habilidosa com informação e conhecimento. É por isso que a educação sempre foi e continua a ser uma fonte inesgotável de verdadeiro conhecimento e de sabedoria milenar, cuja adesão dá a uma pessoa a liberdade e a realização dos seus talentos e oportunidades de sucesso.

... Em 1420, em Samarcanda, o grande académico e governante Mirzo Ulugbek inaugurou o majestoso edifício da madrassa de Registan, construído sob a sua direção. Ao dirigir-se aos seus alunos na primeira aula, disse: "Os nossos estudos, a amizade com as pessoas, honrar os mais velhos, prestar atenção aos mais novos - tudo isto tem um objetivo específico: tornar as pessoas boas, para que chegue a era da piedade e Maverannahr se torne a verdadeira face da terra, o centro do conhecimento e da grande fé" (1, 295). Este objetivo continua a ser fundamental hoje em dia, uma vez que está indissociavelmente ligado à necessidade de melhorar plenamente a qualidade da formação de professores na República independente do

Usbequistão e de identificar prioridades e perspectivas para o seu desenvolvimento no contexto da modernização do Estado e da sua integração na comunidade internacional. É por esta razão que o desenvolvimento da educação como a esfera mais importante da atividade humana, que assegura a formação do potencial intelectual da sociedade, continua a ser uma das tarefas prioritárias da nossa política de Estado.

A fase atual do desenvolvimento socioeconómico da República caracteriza-se por uma informatização e informatização cada vez mais ampla das suas várias esferas. Uma etapa qualitativamente nova na modernização do sistema educativo é o desenvolvimento e a introdução de tecnologias pedagógicas e de informação e comunicação modernas no processo educativo.

O mundo moderno é acelerado e, nestas condições, o professor deve não só acompanhar o progresso, mas também estar à frente dele, utilizando todos os meios técnicos, de informação e comunicação e psicológicos disponíveis para resolver as tarefas educativas e de educação. Na nossa opinião, hoje em dia já não basta conhecer o material e recontá-lo aos alunos, é necessário que o professor tenha uma energia especial baseada na sua própria convicção da correção das ideias que apresenta. E, neste caso, acreditamos que uma condição importante para a eficácia do processo educativo é a utilização ativa das modernas tecnologias da informação, que aumentam a sua atratividade aos olhos dos alunos.

Aqui abrem-se *novas oportunidades*: redução do tempo de pesquisa e acesso à informação pedagógica e científica necessária por parte de professores e alunos; aceleração da atualização do conteúdo do ensino devido à redução do tempo dos professores para o desenvolvimento de nova literatura pedagógica e metódica; libertação de tempo adicional para os alunos para trabalho individual independente; aceleração do cumprimento pelos alunos dos requisitos estabelecidos para a qualidade do ensino e outros.

As tecnologias da informação proporcionam aos estudantes uma variedade de instrumentos de aprendizagem modernos que, para além dos manuais e apontamentos tradicionais, incluem programas de formação baseados em computador; manuais electrónicos e material didático; sistemas de teste e de controlo de conhecimentos baseados em computador; livros de referência e enciclopédias electrónicas; materiais educativos em áudio e vídeo; e materiais de informação colocados na Internet.

Nos últimos anos, uma das inovações actuais é a utilização ativa do quadro interativo como meio de aumentar a intensificação do processo de aprendizagem através da interatividade, da visibilidade e da apresentação dinâmica do material. O quadro interativo abre novas oportunidades para melhorar o processo de aprendizagem, ativa e torna criativo o trabalho independente e conjunto dos alunos e do professor. A rede local e o acesso à Internet permitem a utilização de materiais autênticos. Além disso, os professores criam as suas próprias ajudas interactivas, desenvolvendo-as de acordo com o programa da disciplina aprovado.

Estes meios de tecnologia da informação no Uzbequistão são utilizados no ensino de línguas estrangeiras tanto diretamente na sala de aula como para trabalho independente de preparação para aulas práticas e seminários, o que, na nossa opinião, é o mais eficaz na aplicação deste tipo de tecnologia inovadora.

Um modelo igualmente significativo de aprendizagem nas condições modernas é a abordagem interactiva como alternativa ao sistema tradicional de aprendizagem, em que o aluno assimilava mecanicamente os conhecimentos que lhe eram transmitidos. A abordagem interactiva oferece aos estudantes uma oportunidade de *auto-expressão e auto-realização,* de procura independente de conhecimentos sobre uma determinada disciplina. A essência da aprendizagem interactiva reside na natureza mais versátil das actividades dos alunos, nomeadamente: *física* (os alunos mudam de local de trabalho, falam, ouvem, escrevem, fazem algum trabalho criativo), *social* (discutem, fazem perguntas e respondem às mesmas, partilham impressões, experiência da sua própria socialização) e *informação e* actividades *cognitivas* (aprendem, estudam, encontram independentemente a *informação* necessária, fazem relatórios, etc.).

O que é que a utilização das tecnologias da informação e da abordagem interactiva no processo de aprendizagem traz, em última análise, para o aluno, o microgrupo e o professor? Para o *aluno*: aumenta a motivação, ensina a pensar de forma não convencional, ensina a estabelecer relações de parceria, ensina a tolerância, a benevolência, o tato; para o *microgrupo*: ensina a justificar as suas posições, forma a unidade do grupo orientada para os valores, ensina a resolver situações de conflito e a encontrar um compromisso, forma valores de vida; para o *professor*: forma relações de confiança com os alunos, ativa uma atitude não normalizada em relação à organização do processo educativo, promove a apresentação multidimensional do material.

Acreditamos que a integração das tecnologias da informação interactivas no processo de ensino das línguas estrangeiras não é um tributo à moda, mas uma necessidade urgente para os professores que não só procuram otimizar o processo de aprendizagem, mas também torná-lo moderno, eficaz e motivado.

Em conclusão, sublinhamos que os processos de inovação não podem nem devem ser finitos. Cada novo dia coloca novas exigências ao processo de educação. Por conseguinte, a nossa tarefa consiste em basearmo-nos em toda a experiência anterior de desenvolvimento do pensamento pedagógico, avançando constantemente, fundamentando cientificamente e introduzindo novas tecnologias de ensino e educação dos alunos e proporcionando a todos os sujeitos do processo educativo a oportunidade de desenvolverem o seu potencial criativo e inovador.

LITERATURA

1. Andriyanova V.I. Formação das capacidades de auto-expressão e auto-realização dos alunos como qualidades básicas da personalidade - os ditames do tempo / Manual científico e metodológico para professores e conferencistas. - Tashkent, 2012.

SOBRE O PADRÃO EDUCATIVO ESTATAL PARA AS LÍNGUAS ESTRANGEIRAS DO SISTEMA DE ENSINO CONTÍNUO DA REPÚBLICA DO UZBEQUISTÃO

A integração do nosso país na comunidade internacional e o desenvolvimento da ciência e da tecnologia exigem que a geração jovem tenha um bom domínio de várias línguas estrangeiras para poder funcionar de forma competitiva num mundo multicultural. O conhecimento de uma língua estrangeira é uma das componentes da competência profissional dos especialistas de qualquer perfil. O Decreto do Presidente da República do Usbequistão I.A. Karimov "Sobre medidas para melhorar ainda mais o sistema de aprendizagem de línguas estrangeiras", de 10 de dezembro de 2012, confirma mais uma vez a importância da modernização e da renovação na formação de uma geração instruída e intelectualmente avançada, que é o valor mais importante e uma força decisiva no desenvolvimento de uma sociedade democrática.

A resolução refere que "... uma análise do atual sistema de organização da aprendizagem de línguas estrangeiras mostra que as normas educativas, os currículos e os manuais escolares não satisfazem plenamente os requisitos modernos, especialmente no que diz respeito à utilização de tecnologias avançadas de informação e dos meios de comunicação social. O ensino é efectuado principalmente através de métodos tradicionais. A organização da continuidade da aprendizagem de línguas estrangeiras em todos os níveis do sistema educativo necessita de ser melhorada" (1).

Daí a relevância de desenvolver normas educativas estatais para o ILE no sistema de educação contínua na República do Uzbequistão.

Aquando da elaboração das normas educativas estatais, foi necessário assegurar a introdução de normas internacionais para o ensino de línguas estrangeiras no sistema educativo da

República do Usbequistão. O documento do Conselho da Europa "Quadro Europeu Comum de Referência para as Línguas: Aprendizagem, Ensino e Avaliação" é uma dessas normas internacionais universalmente reconhecidas. Tendo em conta algumas disposições deste documento, foi elaborada a presente Norma Educativa Estatal sobre a Aprendizagem de Línguas Estrangeiras no Sistema de Formação Contínua da República do Usbequistão.

Os documentos normativo-legislativos fundamentais para a compilação do padrão educativo estatal em IEL para todos os níveis de ensino (secundário geral, secundário especializado e ensino superior) da República do Usbequistão são: Constituição da República do Usbequistão; Convenção das Nações Unidas sobre os Direitos da Criança; Leis da República do Usbequistão "Sobre a Educação", "Programa Nacional de Formação"; Decreto do Presidente da República do Usbequistão I.A. Karimov de 10 de dezembro de 2012 № 1875 "Sobre medidas para melhorar o sistema de aprendizagem de línguas estrangeiras".

A norma educativa do Estado para o ensino contínuo e sucessivo da língua prevê o estudo da língua nos seguintes níveis:

1. Ensino primário - 1° ao 4° ano.
2. Ensino Secundário - 5.° ao 9.° ano.
3. Liceus académicos e escolas profissionais.
4. Instituição de ensino superior (licenciatura, mestrado).

Assim, é aplicado o princípio da continuidade e sucessividade do ensino secundário geral, secundário especializado, profissional e superior no domínio da aprendizagem de línguas, o que corresponde às necessidades do indivíduo e da sociedade e implica a formação da competência comunicativa dos diplomados dos estabelecimentos de ensino da República do Usbequistão.

O estudo da língua no sistema de formação contínua no Usbequistão, com base nas normas educativas estatais, é efectuado pela seguinte ordem:

Nível de educação	**Licenciados**	**Nível CEFR**	**Título níveis**
Geral ensino secundário	Diplomados das escolas primárias	**A 1**	Nível elementar básico de proficiência linguística
	Diplomados do 9º ano	**A 2**	Nível básico de proficiência linguística
	Diplomados do 9º ano de escolas públicas especializadas de ensino geral com estudo aprofundado de línguas estrangeiras	**A 2+**	Nível básico avançado de proficiência linguística
Ensino profissional especializado de nível secundário	Diplomados do liceu académico de perfil não linguístico	**B 1**	Nível de proficiência linguística elementar autónoma
	Diplomados de escolas profissionais		
	Diplomados de liceus académicos com perfil linguístico - segunda língua		
	Diplomados de liceus académicos com um perfil linguístico	**B 1+**	Nível de proficiência autónoma reforçada na língua
	Diplomados de bacharelato de faculdades não linguísticas de instituições de ensino superior	**B 2**	Nível de proficiência linguística independente
Ensino superior	Diplomados de bacharelato de faculdades de línguas de instituições de		

	ensino superior - segunda língua		
	Diplomados de mestrado de faculdades não linguísticas de instituições de ensino superior		
	Diplomados de bacharelato de faculdades de línguas de instituições de ensino superior	**C 1**	Nível de proficiência profissional na língua principal
	Diplomados de mestrado de faculdades de línguas de instituições de ensino superior		

Os níveis de proficiência do QECR são resumidos da seguinte forma:

A1. Compreendo e sou capaz de utilizar no discurso frases e expressões familiares necessárias para a realização de tarefas específicas. Sou capaz de me apresentar/apresentar os outros, fazer/responder a perguntas sobre o meu local de residência, conhecidos, bens. Sou capaz de participar numa conversa simples se a pessoa com quem estou a falar falar falar devagar e claramente e estiver disposta a ajudar.

A2. Compreendo frases individuais e expressões frequentes relacionadas com as principais esferas da vida (por exemplo, informações básicas sobre mim e os meus familiares, fazer compras, arranjar um emprego, etc.).

A2+. Sou capaz de realizar tarefas relacionadas com a simples troca de informações sobre temas familiares ou quotidianos. Em termos simples, sou capaz de falar de mim próprio, da minha família e dos meus amigos, descrever aspectos básicos da vida quotidiana.

81. Compreendo as ideias principais de mensagens claras redigidas numa língua literária sobre vários temas que surgem normalmente no trabalho, nos estudos, nos tempos livres, etc. Sou capaz de comunicar na maioria das situações que podem surgir durante uma estadia no país da língua-alvo.

B1+. Sou capaz de escrever uma mensagem coerente sobre assuntos que conheço ou que me interessam particularmente. Sou capaz de descrever impressões, acontecimentos, esperanças, aspirações, exprimir e justificar a minha opinião e os meus planos para o futuro.

82. Sou capaz de compreender o conteúdo geral de textos complexos sobre temas abstractos e concretos, incluindo textos altamente especializados. Sou capaz de falar de forma suficientemente rápida e espontânea para comunicar regularmente com falantes nativos sem dificuldades para ambas as partes. Sou capaz de fazer apresentações claras e pormenorizadas sobre vários temas e apresentar o meu ponto de vista sobre o problema principal, mostrar as vantagens e desvantagens de diferentes opiniões.

83. Sou capaz de compreender textos complexos sobre vários assuntos e de reconhecer os significados ocultos. Falo espontaneamente, a um ritmo rápido, sem dificuldade em selecionar palavras e expressões. Utilizo a língua de forma flexível e eficaz para comunicar em actividades científicas e profissionais. Sou capaz de criar mensagens precisas, pormenorizadas e bem organizadas sobre temas complexos, demonstrando domínio dos modelos de organização do texto.

A norma educativa estatal baseia-se em abordagens comunicativo-ativistas, orientadas para a personalidade, integradoras e baseadas nas competências para o ensino das línguas.

A **abordagem comunicativo-ativista** tem um carácter desenvolvimentista, funcional e comunicativo do ensino, que contribui para o aumento da atividade cognitiva na aprendizagem. Esta abordagem centra-se na formação da capacidade e necessidade de reflexão, auto-desenvolvimento e auto-realização dos alunos. Baseia-se na integração de diferentes áreas do conhecimento no processo de aprendizagem, na organização do processo de aprendizagem como um processo de comunicação intercultural, na cooperação entre o aluno e o aprendente como participantes iguais no processo de aprendizagem, na utilização de formas interactivas de aprendizagem, no desenvolvimento da independência dos alunos na aquisição de novos conhecimentos linguísticos e socioculturais e de competências práticas.

A **abordagem centrada na pessoa** para o ensino de ELL consiste em desenvolver o conteúdo do ensino com base não só no conhecimento científico, mas também na metacognição (técnicas e métodos de cognição) e em formas especiais de interação entre os participantes no processo educativo (alunos, professores, pais). Esta abordagem implica procedimentos especiais para controlar a natureza e a direção do desenvolvimento de um aluno, criando condições favoráveis para a formação da sua individualidade e determinando a dinâmica do desenvolvimento da criança em comparação consigo própria e não com os outros.

A **abordagem integradora do ensino de ILE** implica a utilização proporcional no processo de aprendizagem do material selecionado de diferentes esferas da atividade dos alunos (adaptação, pessoal-relevante, intelectual geral e profissional); uma relação equilibrada de material linguístico e de fala; formação complexa e mútua dos níveis de prontidão de fala exigidos e realisticamente alcançáveis nos quatro principais tipos de atividade de fala.

A abordagem do ensino das línguas **baseada nas competências** tem como objetivo a obtenção de determinados resultados e a aquisição de competências significativas. As competências são formadas no processo de atividade com vista a uma futura atividade profissional. O processo de aprendizagem segundo esta abordagem consiste na aquisição de conhecimentos, aptidões, capacidades, capacidades e experiência de atividade, a fim de alcançar competências profissional e socialmente significativas nas esferas de atividade independente, educativa e cognitiva, social e cultural e de lazer.

Em termos estruturais, a Norma Educativa do Estado para a Língua Estrangeira para todos os níveis de ensino consiste na finalidade e nos objectivos do estudo da disciplina; no conteúdo do ensino; e nos requisitos para o nível obrigatório de preparação dos diplomados das instituições de ensino em todos os níveis de ensino.

O **objetivo do ensino de IEL** em todos os níveis de ensino é formar a competência comunicativa em língua estrangeira dos estudantes para que possam funcionar num mundo multicultural nas esferas quotidiana, científica e profissional.

A competência é uma soma de conhecimentos, aptidões e qualidades pessoais que permitem realizar várias acções, condicionadas por motivos específicos e objectivos definidos, incluindo o participante da comunicação.

A competência comunicativa em língua estrangeira é "a capacidade e a disponibilidade real para comunicar em língua estrangeira com falantes nativos, bem como a familiarização dos alunos com a cultura do país/dos países da língua-alvo, uma melhor compreensão da cultura do seu próprio país e a capacidade de a representar no processo de comunicação" (2).

Os objectivos da aprendizagem de línguas estrangeiras incluem a aquisição das seguintes competências:

Competência linguística, que implica o conhecimento do material linguístico (fonética, vocabulário, gramática) e o domínio das actividades discursivas (ouvir, falar, ler, escrever) a um nível suficiente para comunicar com representantes das culturas da língua-alvo.

A competência sociolinguística, que permite escolher a forma linguística e o modo de expressão corretos em função da situação, do objetivo comunicativo e da intenção do falante. A competência sociolinguística inclui **a competência sociocultural**, que permite reconhecer as caraterísticas nacionais do país da língua-alvo e comportar-se em conformidade em situações de comunicação em língua estrangeira e em comunicação com falantes nativos.

A competência pragmática, que assegura a capacidade de comunicar de acordo com o desenvolvimento da situação comunicativa na língua e as estratégias que contribuem para a eficácia da comunicação, por exemplo, estratégias de interrupção, de clarificação, de compensação em situações de comunicação difícil. Nestas normas, a competência **discursiva** está incluída na **competência** pragmática. Desenvolve a capacidade de ligar ideias de forma coerente, utilizando meios linguísticos adequados na comunicação oral e escrita, bem como a capacidade de compreender e interpretar sinais linguísticos num discurso oral ou escrito coerente (2).

O **conteúdo da formação** é apresentado sob a forma de um conjunto de temas incluídos nos programas educativos de base do ensino secundário geral, do ensino secundário especializado e do ensino superior, com carácter obrigatório. O material didático em todos os níveis de ensino assegura a continuidade, a coerência e a ciclicidade da aprendizagem.

A continuidade da aprendizagem é assegurada tendo em conta as ligações intra-sujeito na formação de todas as componentes da competência comunicativa em língua estrangeira. A coerência consiste no facto de o material recém-aprendido se basear no material aprendido anteriormente pelos alunos. A ciclicidade manifesta-se no facto de que uma certa quantidade de material é aprendida num ciclo - um certo número de aulas/sessões. Cada um desses ciclos baseia-se no desenvolvimento, fase a fase, desta ou daquela competência e capacidade para cada tipo de atividade de fala. Todos os ciclos são períodos completos e independentes de aprendizagem, destinados a resolver tarefas específicas para atingir o objetivo geral de aquisição das competências linguísticas.

Os **requisitos para o nível de proficiência dos diplomados na** língua **estrangeira** são desenvolvidos de acordo com o conteúdo da formação e da continuidade nos níveis do ensino secundário geral, secundário especializado e superior e são apresentados sob a forma de descritores (can do), formando competências e capacidades linguísticas, e orientações sobre gramática, vocabulário, fonética e ortografia, conforme necessário. Os descritores das competências e capacidades linguísticas estão interligados e foram retirados do Quadro Europeu Comum de Referência para as Línguas para garantir a coerência com as normas internacionais. Os descritores são apresentados de forma acessível para que os alunos, professores e outras partes interessadas os possam compreender.

Assim, em conclusão, deve notar-se que, em 8 de maio de 2013, o Decreto do Gabinete de Ministros n.º 124 "Sobre a Aprovação da Norma Educativa Estatal em Línguas Estrangeiras do Sistema de Educação Contínua" aprovou a Norma Educativa Estatal do Sistema de Educação Contínua "Requisitos para o nível de preparação dos diplomados de todos os níveis de ensino em línguas estrangeiras".

LITERATURA

1. Decisão Presidencial n.º 1875, de 10 de dezembro de 2012, relativa a medidas para melhorar o sistema de aprendizagem de línguas estrangeiras.

2. Um Quadro Europeu Comum de Referência para as Línguas: Aprendizagem, Ensino e Avaliação. - Quadro Europeu Comum de Referência para as Línguas: Aprendizagem, Ensino e Avaliação. - http://www.linguanet.ru. - (Tradução russa da Universidade Estatal de Linguística de Moscovo). - 2003 г.

O PAPEL DO PRIMEIRO PRESIDENTE ISLAM KARIMOV NA MODERNIZACAO DO SISTEMA EDUCATIVO NO UZBEQUISTAO

Dedicado à memória do Primeiro Presidente da República do Usbequistão Islam Karimov

"Se uma pessoa não sonha com o futuro, então saiba que essa pessoa perdeu alguma coisa. As pessoas devem viver e lutar por objectivos elevados, não só em sonhos, mas também na vida real, devem elevar-se, alcançar grandes vitórias, aperfeiçoar-se". I.A. Karimov.

[1]Todos os dias assistimos a um elevado profissionalismo e responsabilidade, decência humana e simplicidade, autocontrolo e determinação - tudo o que fez o nosso Primeiro Presidente Islam Abduganievich Karimov - o fundador do Uzbequistão independente, que dedicou toda a sua vida ao seu país natal, ao bem-estar do povo e à prosperidade do nosso país independente .

O papel do primeiro chefe do nosso Estado pode ser descrito não só à escala da República, mas também do mundo. O talentoso iniciador e sábio dirigente deixou uma marca indelével na história do nosso país, ensinou-nos a amar e a orgulharmo-nos da nossa Pátria e levou o Usbequistão para o plano internacional, tornando-o famoso em todo o mundo. Graças à sua sábia política de longo alcance, à sua coragem e determinação, o Usbequistão tornou-se um país onde reina a paz, a tranquilidade e a estabilidade, onde representantes de várias nacionalidades e confissões vivem em amizade e harmonia.

O povo do Usbequistão associa, com razão, as realizações extraordinárias dos anos da

1 Em 24 de março de 1990, o cargo de Presidente foi instituído pela primeira vez na história do Uzbequistão. Em 29 de dezembro de 1991, I.A. Karimov foi eleito Presidente da República do Usbequistão numa eleição alternativa à escala nacional.

independência ao nome e às actividades de Islam Karimov. É ele o iniciador e o líder das transformações históricas do país. Sob a sua liderança direta, foram desenvolvidos e implementados: um programa para o desenvolvimento independente do país; a elaboração e adoção de uma Constituição da República do Usbequistão que satisfaz todos os requisitos democráticos e critérios internacionais; um novo programa de construção estatal e social que prevê a aplicação dos princípios de harmonização dos interesses do Estado, da sociedade e do indivíduo; um modelo de desenvolvimento económico baseado nos bem conhecidos cinco princípios de desideologização do desenvolvimento económico e social do país, que é reconhecido muito para além das fronteiras do Usbequistão.

Foi ele quem elevou ao nível da política de Estado o respeito pelos valores espirituais do povo, o renascimento, a preservação e o desenvolvimento da religião, das tradições e dos costumes, bem como do inestimável património histórico; quem deu um contributo importante para o reforço da autoridade, do respeito e do apoio do Usbequistão na cena internacional; quem deu um contributo significativo para a formação e a introdução na consciência pública dos fundamentos de uma ideologia nacional baseada em valores e tradições universais e nacionais;

As grandes realizações alcançadas graças à política sábia e perspicaz do Primeiro Presidente Islam Karimov não podem ser contadas. Estão em tudo: em todos os domínios, a cada passo.

Gostaria de sublinhar que Islam Karimov é autor de uma série de livros incluídos na coleção de ensaios em vários volumes dedicados a questões actuais. Entre eles: "O Usbequistão: o seu próprio caminho de renovação e progresso", "O Usbequistão no caminho do aprofundamento das reformas económicas", "O Usbequistão no limiar do século XXI: ameaças à segurança, condições e garantias de progresso", "A Pátria é sagrada para todos", "Não há futuro sem memória histórica", "O Usbequistão aspirando ao século XXI", "A alta espiritualidade é uma força invencível", "A crise financeira e económica mundial, formas e medidas para a ultrapassar nas condições do Usbequistão" e outros. É também autor de numerosos artigos e relatórios. Muitas das obras do nosso Primeiro Presidente foram traduzidas para inglês, francês, espanhol, alemão, indiano, chinês, árabe e outras línguas do mundo.

I.A. Karimov atribui um lugar importante nas suas obras às questões da educação e da formação, sublinhando que "... deve ser desenvolvido e implementado um novo conceito democrático de educação, no qual as tradições nacionais, históricas e culturais, a experiência moral dos uzbeques e de outros povos que vivem no território da república seriam organicamente incluídas no sistema de educação e formação" [9]. [9].

Falando da educação da juventude e do seu papel na prosperidade da nossa pátria, ele observa que " .... a realização dos nobres objectivos da nação

O futuro do Uzbequistão, a prosperidade e o bem-estar do país, o lugar que ocupará na comunidade mundial no século XXI - tudo isto depende, antes de mais, da nova geração, da forma como os nossos filhos crescerão.... O nosso objetivo é criar as oportunidades e as condições necessárias para que as nossas crianças cresçam não só física e espiritualmente saudáveis, mas também pessoas globalmente e harmoniosamente desenvolvidas, com os conhecimentos intelectuais mais modernos, pessoas que satisfaçam plenamente as exigências do século XXI, no qual terão de viver e trabalhar. [12].

É impossível não concordar com este pensamento. O nosso país precisa de pessoas inteligentes e cultas. Recordemos o sábio pensamento do escritor francês Victor Hugo: "A grandeza de uma nação não se mede pelos seus números, tal como a grandeza de um homem não se mede pela sua altura; a única medida é o seu desenvolvimento mental e o seu nível moral" [18]. [18].

No Usbequistão, ao longo dos anos de independência, a principal prioridade da política estatal tem sido a criação de uma geração jovem desenvolvida - fisicamente saudável e espiritualmente madura, intelectualmente rica, possuidora não só de conhecimentos versáteis, mas também da capacidade de pensar de forma independente e de olhar corajosamente para o futuro.

A Constituição da República do Usbequistão consagra o direito de todos à educação, garantindo o Estado o ensino geral gratuito [1]. O início de uma nova etapa de reformas profundas neste domínio tão importante foi a adoção da lei "sobre a educação", em 29 de agosto de 1997, por iniciativa do Primeiro Presidente Islam Karimov [2] e do "Programa Nacional de Formação de Pessoal" [3]. [2] e o "Programa Nacional de Formação de Pessoal" [3], que, de acordo com os peritos internacionais, não tem análogos em termos de significado, âmbito e objectivos.

Ao longo dos anos de independência, o Usbequistão produziu uma geração jovem que é verdadeiramente dotada, talentosa, altamente educada e intelectualmente avançada. Hoje em dia, as instituições de ensino do país produzem indivíduos socialmente activos, completos e independentes, com opiniões próprias, uma posição cívica firme e o direito de escolha. A nova geração de jovens com objectivos definidos tem pelo menos duas ou três profissões, línguas estrangeiras, tecnologias da informação e conhecimentos modernos. Estão prontos para competir em pé de igualdade com os seus pares dos países desenvolvidos. Tudo isto é o resultado do enorme trabalho realizado sob a direção do Primeiro Presidente da República do Usbequistão.

Islam Karimov amou a geração mais jovem de uma forma paternal e criou todas as condições para o seu desenvolvimento harmonioso. Acreditava e depositava grandes esperanças na juventude, considerando-a o maior pilar, poder-se-ia dizer um potencial inestimável, a força motriz de hoje e de amanhã.

A Conferência Internacional realizada por iniciativa do Primeiro Presidente, em 16 e 17 de fevereiro de 2012, na cidade de Tashkent, sobre o tema "A formação de uma geração instruída e intelectualmente avançada como condição mais importante para o desenvolvimento sustentável e a modernização do país" é uma confirmação deste facto. Esta conferência foi realizada com o objetivo de familiarizar amplamente a comunidade internacional com a experiência acumulada e os resultados das reformas no domínio da educação no Usbequistão e com o papel do Estado na formação de uma geração altamente instruída e intelectualmente avançada.

A conferência internacional contou com a presença de cerca de 1000 participantes, incluindo 270 representantes de 48 países do mundo e 8 organizações internacionais e fundações educativas. Um lugar importante nos trabalhos da conferência internacional foi ocupado pelo relatório de I. Karimov. Karimov, que descreveu as principais metas e objectivos, a essência e o conteúdo do programa que está a ser implementado no Usbequistão para reformar o sistema educativo e formar uma geração instruída e intelectualmente avançada. No seu discurso de abertura da Conferência Internacional, o Presidente salientou que: "Hoje em dia, não é necessário provar que o século XXI é amplamente reconhecido como o século da globalização e da supressão das fronteiras, das tecnologias da informação e da comunicação e da Internet, o século da concorrência cada vez maior no espaço global e no mercado mundial. Nestas condições, pode afirmar-se o Estado que tem entre as suas principais prioridades o crescimento do investimento e a aposta no capital humano, a formação de gerações cultas e intelectualmente desenvolvidas, que é o valor mais importante no mundo moderno e uma força decisiva para atingir os objectivos de desenvolvimento democrático, de modernização e de renovação" [13]. [13].

Foi especialmente salientado na conferência que o programa adotado em 1997, denominado Programa Nacional de Formação de Pessoal, é parte integrante do "modelo usbeque" de reformas económicas e políticas do Uzbequistão, baseado no princípio evolutivo e gradual da construção de uma nova sociedade no país.

O Presidente referiu que o nosso país atribui grande importância à educação e à educação a par da educação. A este respeito, afirmou: "Só as pessoas que compreendem a necessidade de harmonizar os valores nacionais e universais, que possuem conhecimentos modernos, potencial intelectual e tecnologias avançadas, podem atingir os objectivos estratégicos de desenvolvimento estabelecidos. Os princípios básicos da reforma do sistema educativo devem ser.... a formação nos estudantes da prioridade dos valores universais, da elevada espiritualidade, da cultura e do pensamento criativo; a unidade orgânica da educação com a história nacional, as tradições e os costumes populares, o respeito pela história e pela cultura dos outros povos" [13]. [13].

Pode afirmar-se com segurança (o ed. participou pessoalmente nos trabalhos desta conferência) que a conferência permitiu trocar experiências sobre questões do sistema educativo como o desenvolvimento do ensino secundário geral, o aumento da eficácia do ensino profissional secundário e o reforço da sua ligação ao mercado de trabalho, o desenvolvimento do sistema de ensino superior, a introdução das tecnologias da informação e da comunicação no processo educativo, o reforço e a interação contínua entre o ensino superior e a ciência, o papel da cultura no processo educativo e o papel da cultura no processo educativo.

Também vale a pena mencionar o facto de, desde a independência, o nosso país poder comunicar livremente com países estrangeiros. Por conseguinte, o estudo de línguas estrangeiras e das novas tecnologias da informação tornou-se uma tarefa importante.

A opinião dos psicólogos e sociolinguistas sobre este problema resume-se ao facto de o conhecimento de qualquer língua não materna ajudar o indivíduo a compreender mais profundamente a língua materna, que continua a ser uma base inabalável para o domínio de qualquer outra língua.

Concordamos com esta afirmação, uma vez que o prestígio da língua materna não deve influenciar negativamente a aprendizagem de outras línguas. Uma pessoa que não fala outra língua para além da sua língua materna fica confinada exclusivamente a uma cultura. É por isso que a convicção de Chingiz Aitmatov de que o maravilhoso mundo da literatura e da cultura deve estar aberto a toda a gente e que a principal condição para isso é o conhecimento não só da língua materna, mas também de outras línguas... é sensata e justa" [15]. [15].

Na nossa opinião, o conhecimento de uma língua estrangeira é uma das componentes da competência profissional dos especialistas de qualquer perfil. O Decreto do Primeiro Presidente da República do Uzbequistão Islam Karimov "Sobre medidas para melhorar ainda mais o sistema de aprendizagem de línguas estrangeiras", datado de 10 de dezembro de 2012 (PP № 1875), confirma mais uma vez a importância de estudar e elevar o estatuto das línguas estrangeiras na sociedade, alterando o contexto sociocultural da aprendizagem de línguas de comunicação internacional, uma vez que a prioridade da educação linguística está relacionada com o papel da língua na vida da sociedade: a língua é um meio de conhecimento e comunicação, desenvolvimento e educação, impacto e auto-realização.

A resolução refere que "... uma análise do atual sistema de aprendizagem de línguas estrangeiras mostra que as normas educativas, os currículos e os manuais escolares não satisfazem plenamente os requisitos modernos, especialmente no que diz respeito à utilização de tecnologias avançadas de informação e pedagógicas. O ensino é efectuado principalmente através de métodos tradicionais. A organização da continuidade da aprendizagem de línguas estrangeiras a todos os níveis do sistema educativo necessita de ser melhorada..." *[4]*. [4].

O que foi feito até à data para melhorar o sistema de aprendizagem de línguas estrangeiras no Usbequistão?

Tendo em vista a aplicação desta Resolução, os cientistas do nosso país, com a participação dos principais centros de formação estrangeiros, peritos internacionais e especialistas nas línguas estrangeiras pertinentes, com base no documento do Conselho da Europa "Quadro Europeu Comum de Referência: Aprendizagem, Ensino, Avaliação" (QECR - Quadro Europeu Comum de Referência: Aprendizagem, Ensino, Avaliação) [17], elaboraram a Norma Educativa Estatal do Sistema de Formação Contínua da República do Usbequistão "Requisitos para o nível de proficiência dos diplomados de todos os níveis de ensino em línguas estrangeiras", que fornece critérios específicos para o nível de conhecimento de línguas estrangeiras em cada nível de ensino. [17], foi elaborada a Norma Educativa Estatal do Sistema de Formação Contínua da República do Usbequistão "Requisitos para o nível de preparação dos diplomados de todos os níveis de ensino em línguas estrangeiras", que estabelece critérios específicos para o nível de conhecimento de línguas estrangeiras em cada nível de ensino. A Norma Educativa Estatal do Sistema de Educação Contínua da República do Usbequistão foi aprovada pcla Rcsolução do Conselho de Ministros da República do Usbequistão em 8 de maio de 2013 [7].

Com base nesta norma, nos parâmetros de controlo e de medição para a certificação estatal, foram elaborados currículos de línguas estrangeiras (inglês, francês, alemão e outras), tendo em conta as especificidades do estabelecimento de ensino, e aprovados pelos despachos competentes dos ministérios.

Além disso, desde o ano letivo de 2013-2014, o estudo de línguas estrangeiras com base nas normas e programas educativos desenvolvidos pelo Estado tem sido gradualmente introduzido em todo o país a partir do primeiro ano nas escolas de ensino geral. O ensino de línguas estrangeiras aos alunos dos primeiros anos das escolas de ensino geral é efectuado sob a forma de aulas de jogos e de conversação e, nos segundos anos, sob a forma de domínio do alfabeto, estudo da gramática e leitura.

Nos estabelecimentos de ensino superior, certas disciplinas especiais, nomeadamente nas especialidades técnicas, médicas e internacionais, são leccionadas em línguas estrangeiras.

Além disso, a fim de executar as tarefas definidas no PP n.º 1875, foi criado o Departamento de Avaliação dos Conhecimentos e da Proficiência em Línguas Estrangeiras, no âmbito do Centro de Exames do Estado, sob a tutela do Gabinete de Ministros. Desenvolveu e implementou o Sistema Nacional de Testes para a Avaliação da Proficiência em Línguas Estrangeiras, tendo em conta os requisitos das normas internacionalmente reconhecidas, e organizou testes para os candidatos numa base paga (incluindo à distância: os materiais necessários para a preparação independente dos candidatos para os testes estão disponíveis na Internet) para determinar o nível dos seus conhecimentos e domínio de uma língua estrangeira, com a emissão do certificado de qualificação relevante da amostra estatal.

Além disso, desde o ano letivo de 2015/2016, a língua estrangeira foi introduzida no bloco de exames de admissão (testes) a todas as instituições de ensino superior.

Os professores e os professores de línguas estrangeiras recebem suplementos mensais às suas tarifas no valor de: 30 por cento - em estabelecimentos de ensino situados em zonas rurais; 15 por cento - noutros estabelecimentos de ensino (desde que disponham de um certificado de habilitações emitido pelo Estado).

Tendo em conta os interesses e os passatempos das crianças e dos jovens, são transmitidos na televisão, incluindo nos canais de televisão locais, programas destinados a ensinar línguas estrangeiras às crianças e aos adolescentes; são regularmente transmitidos programas científicos e educativos populares sobre a história e a cultura de outros povos e sobre o desenvolvimento da ciência e da tecnologia a nível mundial; e os filmes estrangeiros de ficção e de animação são legendados em usbeque.

Além disso, foi aumentado o acesso das instituições de ensino a recursos educativos internacionais através da rede ZiyoNet, a saturação do seu centro de recursos com recursos multimédia, aplicações educativas para computadores pessoais e dispositivos móveis, bem como a publicação de literatura educativa e de ficção, jornais e revistas especiais ilustrados em inglês, e a abertura de colunas especiais e suplementos aos mesmos.

A cooperação no domínio do ensino de línguas estrangeiras com instituições de ensino e embaixadas estrangeiras também tem sido eficaz e eficiente. Como resultado de uma cooperação eficaz com várias embaixadas e centros culturais em França, nos Estados Unidos da América, na Alemanha, em Espanha, na República Popular da China, em Itália, no Japão, na Polónia, no Egito e na Coreia do Sul, com vista a cumprir as tarefas definidas no Decreto n.º 1875, foram realizados vários seminários de formação, cursos de desenvolvimento profissional de curta duração para professores de línguas estrangeiras que trabalham no sistema de formação contínua e visitas de professores de língua inglesa a instituições de ensino de referência - institutos britânicos como o London Metropolitan e o Norwich Institute of Linguistic and Cultural Studies.

Não é insignificante que o governo do Uzbequistão tenha criado uma nova revista científica e metodológica eletrónica e um portal Internet "Línguas Estrangeiras no Uzbequistão" (www.fledu.uz), concebidos para contribuir para o desenvolvimento da metodologia nacional de ensino de línguas estrangeiras. Foram criados pela Resolução do Conselho de Ministros n.º 283, de 16 de outubro de 2013 [8].

A revista eletrónica publica artigos sobre realizações no domínio da teoria e da metodologia do ensino de línguas estrangeiras, bem como os artigos mais interessantes da experiência profissional de professores em exercício. A revista eletrónica e o portal da Internet cobrem problemas teóricos e metodológicos da aprendizagem de línguas estrangeiras, os resultados da introdução de métodos modernos e inovadores de ensino de línguas estrangeiras, informações sobre laços culturais entre nações, etc.

É interessante notar que o conselho editorial do portal da Internet e da revista científica e metodológica eletrónica "Línguas Estrangeiras no Usbequistão", a fim de aplicar o Decreto n.º PP-1875 do Primeiro Presidente da República do Usbequistão e o Decreto n.º 283 do Gabinete de Ministros da República do Usbequistão e de debater as questões mais actuais da metodologia do ensino de línguas estrangeiras no sistema de educação contínua, tendo em conta a experiência de outros países do mundo, os problemas de melhoria da qualidade da educação e os mecanismos para assegurar a sua prestação, realiza anualmente conferências e congressos nacionais e internacionais.

Consideramos muito importante que todos os anos, no dia 10 de dezembro, nas principais universidades da nossa república, se realize uma conferência científico-prática por ocasião do aniversário da adoção do Decreto do Primeiro Presidente da República do Usbequistão, Islam Karimov, "Sobre as medidas para melhorar ainda mais o sistema de aprendizagem de línguas estrangeiras", em que se resumem os resultados do trabalho e se traçam novas perspectivas para a execução de todas as tarefas delineadas no Decreto.

É de salientar que o processo de aplicação de todas as medidas especificadas na Decisão do Primeiro Presidente da República do Usbequistão, Islam Karimov, "Sobre medidas para melhorar o sistema de aprendizagem de línguas estrangeiras" continua.

A posição do nosso Primeiro Presidente sobre a modernização do sistema educativo está também expressa na resolução "Sobre medidas para melhorar as actividades da Universidade Estatal Uzbeque de Línguas Mundiais", assinada em 23 de maio de 2013, n.º PP-1971, que afirma que, a fim de assegurar a implementação de medidas para desenvolver ainda mais o estudo de línguas estrangeiras, aumentar o nível e a qualidade da formação de professores de línguas estrangeiras altamente qualificados para escolas secundárias, escolas profissionais e liceus académicos, instituições de ensino superior e estabelecimentos de ensino superior, a Universidade Estatal Uzbeque de Línguas Mundiais foi criada como uma instituição educativa.

Assim, foi criado no UzSUMYA o "Centro Científico e Prático Republicano para o Desenvolvimento de Métodos Inovadores de Ensino de Línguas Estrangeiras" (a seguir designado por Centro), que inclui uma série de departamentos e grupos para a aprendizagem de línguas estrangeiras. O objetivo do Centro é organizar a formação de professores de línguas estrangeiras altamente qualificados para escolas secundárias, escolas profissionais, liceus académicos e instituições de ensino superior, que possuam tecnologias educativas inovadoras de ensino de línguas estrangeiras; introdução de métodos modernos de ensino de línguas estrangeiras, tendo em conta o estudo da experiência internacional em todas as instituições educativas do sistema de educação contínua, bem como instituições de formação avançada e reciclagem de pessoal

A reconversão e o desenvolvimento profissional do pessoal de gestão e pedagógico das instituições de ensino superior é também um sector importante da educação, que não deixou de merecer a atenção do primeiro chefe do nosso Estado. Em 12 de junho de 2015, I. Karimov assinou um decreto "Sobre medidas para melhorar o sistema de reciclagem e desenvolvimento profissional do pessoal de gestão e pedagógico das instituições de ensino superior" [6]. [6].

O documento foi adotado com o objetivo de melhorar radicalmente a qualidade da formação de especialistas altamente qualificados com base no crescimento contínuo do nível profissional e das qualificações do pessoal docente das instituições de ensino superior, na introdução de um sistema melhorado de reciclagem regular de acordo com as exigências modernas. O decreto define 15 das principais instituições de ensino superior do nosso país como instituições básicas de ensino superior para a organização da reciclagem e do desenvolvimento profissional do pessoal dirigente e docente das instituições de ensino superior nos domínios da reciclagem.

I. Karimov acredita firmemente que o caminho para a alma humana começa com a criação e a educação e, por isso, em todos os seus discursos, fala com reverência sobre o nobre trabalho dos professores e mentores: "Um professor é uma pessoa nobre cuja vocação é trazer bondade e conhecimento, despertar nos corações jovens um sentido de humanismo, ensinar a verdadeira ciência da vida" [14]. [14]. Por iniciativa de Islam Karimov, foi instituído o "Dia dos Professores e Mentores", que se tornou um dos feriados nacionais do país.

Na nossa opinião, a instituição no nosso país do dia 1 de outubro como o "Dia dos Professores e Mentores" - um feriado maravilhoso, declarando-o um dia de folga - é um exemplo raro no mundo e uma confirmação viva do profundo respeito por nós, professores, mentores, educadores, por parte do Estado, de toda a nação e da reverência pessoal do Primeiro Presidente. Eis a recomendação sobre esta questão dos participantes na Conferência Internacional "Preparar uma geração educada e intelectualmente avançada - como a condição mais importante para o desenvolvimento sustentável e a modernização do país", realizada em Tashkent em 16-17 de fevereiro de 2012: " .... é necessário explorar a possibilidade de introduzir, por exemplo

No Uzbequistão, o "Dia dos Professores e Mentores" é um feriado nacional, que servirá para confirmar o reconhecimento público e o papel do trabalho dos professores na formação e educação de uma personalidade harmoniosamente desenvolvida". [13].

Assim, o Primeiro Presidente do nosso país criou um sistema de educação absolutamente novo, envidou grandes esforços para a sua implementação, colocando perante a educação a tarefa de formar o potencial intelectual, criativo e espiritual dos estudantes nas condições do multilinguismo e, na nossa opinião, é a palavra, a língua, a cultura que contribui para a sua solução. Por isso, há mais de cinco séculos e meio, o grande poeta Alisher Navoi exprimiu um sonho acalentado que ainda hoje soa atual:

Há muita coisa que eu gostaria de saber -

Ó luz dos meus sonhos, em nome da criação. Desejo conhecer os pensamentos de todos os homens e as línguas de toda a criação [16].

Resta-nos a todos seguir este caminho correto. E não esquecer outro pensamento profético expresso pelo Primeiro Presidente da República do Usbequistão, Islam Karimov: "O fator decisivo do potencial de cada Estado, de cada nação, é o conhecimento e a educação, o potencial intelectual e espiritual das pessoas. O potencial intelectual, espiritual e moral são as duas asas de uma pessoa iluminada" [10]. É seguro dizer que o nosso povo honra muito os méritos do grande estadista Islam Karimov na conquista da independência da nossa Pátria, assegurando uma vida livre e próspera, modernizando o sistema educativo e criando uma geração harmoniosamente desenvolvida.

LITERATURA

1. Constituição da República do Uzbequistão. - T., 1992.
2. Lei da República do Uzbequistão "Sobre a Educação". - T., 1997.
3. Programa Nacional de Formação. - T., 1997.
4. Decisão Presidencial n.º 1875, de 10 de dezembro de 2012, relativa a medidas para

melhorar o sistema de aprendizagem de línguas estrangeiras.

5. Resolução do Presidente da República do Uzbequistão I. Karimov № 1971 "Sobre a melhoria das actividades da UzSUMYA" - T., 2013.

6. Decreto do Presidente da República do Usbequistão "Sobre as medidas destinadas a melhorar o sistema de reciclagem e formação avançada do pessoal docente e de gestão das instituições de ensino superior", de 12 de junho de 2015.

7. Resolução do Conselho de Ministros da República do Usbequistão n.º 124 "Norma educativa estatal do sistema de ensino contínuo. Requisitos para o nível de preparação dos graduados de todos os níveis de ensino em línguas estrangeiras". - T., 2013.

8. Decisão do Conselho de Ministros n.º 283, de 16 de outubro de 2013, relativa à criação do portal Internet e da revista eletrónica profissional "Línguas estrangeiras no Usbequistão".

9. Karimov I.A. Uzbequistão: independência nacional, economia, política, ideologia. Discursos, artigos, entrevistas. - T.: Uzbequistão, 1993. - C.73.

10. Karimov I.A. Discurso do Presidente do Usbequistão I.A. Karimov em maio de 2003 na abertura da Universidade Internacional de Westminster.

11. Karimov I.A. Alta espiritualidade - poder invencível. - Tashkent: Ma'naviyat, 2008. - C.30.

12. Karimov I.A. A nossa principal tarefa é a continuação do desenvolvimento do país e a melhoria do bem-estar das pessoas: Relatório da reunião do Conselho de Ministros de 29 de janeiro de 2010. - Tashkent: Uzbequistão. - 2010. - C.67-68.

13. Relatório do Presidente Karimov na abertura da Conferência Internacional de 16-17 de fevereiro de 2012 "A formação de uma geração instruída e intelectualmente avançada como condição mais importante para o desenvolvimento sustentável e a modernização do país" //

Teacher of Uzbekistan. - 17 de fevereiro de 2012 - P. 1-3.

14. Discurso do Presidente Karimov aos professores e mentores em honra do "Dia dos Professores e Mentores". - T., 2007.

15. Aitmatov Ch. É necessário saber muitas línguas // língua russa na escola nacional. - 1990. - № 7.

16. Navoi A. Poemas selecionados. - T., 1983.

17. Quadro Europeu Comum de Referência para as Línguas: Aprender, Ensinar, Avaliar. - Estrasburgo, 1996. - Quadro Europeu Comum de Referência para as Línguas: Aprendizagem, Ensino, Avaliação / Tradução russa da Universidade Estatal de Linguística de Moscovo. - M., 2003.

18. https://www.inpearls.ru/

UTILIZAÇÃO DAS TÉCNICAS DA TECNOLOGIA RCMCP NO ESTUDO DO CONTO "CASACO PRETO" DE L.S.PETRUSHEVSKAYA

O termo "pensamento crítico" tem uma definição completamente diferente em vários estudos científicos. De acordo com J. Braus e D. Wood, o pensamento crítico é uma procura de senso comum e a capacidade de abandonar os próprios preconceitos [2]. De acordo com D. Halpern, o pensamento crítico é "a utilização de tais competências ou estratégias cognitivas que aumentam a probabilidade de obter o resultado desejado, ... caracterizam-se pela deliberação, pela lógica e pelo objetivo..... É o tipo de pensamento a que se recorre na resolução de problemas, na elaboração de conclusões, na avaliação probabilística e na tomada de decisões. Ao fazê-lo, o pensador utiliza competências que são razoáveis e eficazes para a situação particular e para o tipo de problema que está a ser resolvido" [1]. Nos trabalhos de Lipman, o pensamento crítico é definido como "um pensamento hábil e responsável que contribui para um bom julgamento porque se baseia em critérios, é auto-corretivo e é sensível ao contexto". D. Klooster define as caraterísticas do pensamento crítico da seguinte forma: pensamento produtivo, no decurso do qual se forma uma experiência positiva a partir de tudo o que acontece a uma pessoa; argumentativo, porque argumentos convincentes permitem tomar decisões ponderadas; multifacetado, porque se manifesta na capacidade de considerar um fenómeno de diferentes lados; individual, porque forma uma cultura pessoal de trabalho com a informação; social, porque o trabalho é realizado em pares, grupos; o principal método de interação é a discussão [2].

Na nossa opinião, o pensamento crítico é a capacidade de sintetizar e analisar informações a partir da lógica, a capacidade de colocar novas questões, desenvolver uma variedade de argumentos e tomar decisões independentes e ponderadas.

O objetivo da tecnologia RWCT é assegurar o desenvolvimento do pensamento crítico através da inclusão ativa (interactiva) dos alunos no processo educativo. A utilização desta tecnologia está centrada no desenvolvimento do trabalho reflexivo com o texto, com a informação e é um sistema de estratégias que combina as técnicas de trabalho de aprendizagem por tipos de actividades de aprendizagem em função da natureza do texto e da forma de trabalhar com ele.

Apresentamos a descrição de uma aula de seminário utilizando a tecnologia de desenvolvimento do pensamento crítico através da leitura e da escrita no módulo "Tecnologias Educativas Inovadoras", realizada com alunos de cursos de reciclagem e de formação avançada para pessoal docente no Centro Republicano Científico e Prático para o Desenvolvimento de Métodos Inovadores para o Ensino de Línguas Estrangeiras (RNPCRIM) na Universidade Estatal de Línguas Mundiais do Uzbequistão (UzSUMYA).

Depois de ouvirem o material didático "A tecnologia da TCR nas aulas de língua e literatura russas", foi pedido aos alunos que aplicassem os conhecimentos teóricos na prática: desenvolver técnicas de TCR ao estudar o conto "Casaco Preto" de L.S. Petrushevskaya e analisar as fases propostas para a aula:

Discurso introdutório do professor sobre L.S. Petrushevskaya com demonstração da apresentação.

Leitura comentada com caraterização das personagens. Leitura da Parte 1.

Leitura da Parte 2. Conhecimentos inesperados (o camionista, o homem do táxi).

Leitura de 3 partes. Objectos no bolso do casaco da rapariga: fósforos, um pedaço de papel, uma chave. Onde é que a rapariga chegou? Como é que viste a estação de comboios? As casas?

Leitura da Parte 4. O que é que pareceu assustador à rapariga? E a ti?

Leitura da parte 5. "Um casaco preto salva-nos de todos os problemas." Como é que vê a mulher com o fósforo?

Leitura da Parte 6. De que é que a rapariga se lembrava e como?

Ler a Parte 7. Porque é que achas que o autor nos mostrou a cena de "sair do pesadelo" na história? O que é que a conversa dela com a mãe acrescenta à tua opinião sobre a rapariga?

Reflexão. Escrita de cinco minutos - uma resposta à pergunta: "O suicídio salva de todos os problemas, da resolução de problemas?".

Como resultado, no decurso do trabalho coletivo, de grupo, de pares e individual, foram desenvolvidas as técnicas "Synquain", "Diamant", "Thin and thick questions", "Ranking", "POPS - formula". Apresentamos uma descrição teórica e prática das técnicas enumeradas no conto "Casaco Preto" de L. Petrushevskaya.

SINCERIA

A palavra francesa "cenqueme" significa "quinto, cinco". Um sinquain é um poema de cinco linhas que exige a síntese de informações e materiais em expressões concisas; nele, o autor exprime a sua atitude em relação a um problema. A escrita de um sinquain desenvolve uma competência importante - a capacidade de resumir informação, de colocar sentimentos e ideias complexas em poucas palavras; requer uma reflexão ponderada baseada num vocabulário rico. Regras de redação:

1 linha	**Quem? O quê?**	**Um substantivo**
Linha 2	**Qual deles? Qual deles? Qual? Qual?**	**Dois adjectivos**
Linha 3	**Fazer o quê? A fazer o quê?**	**Três verbos**

Linha 4	**A atitude do autor em relação ao tema.**	**Frase de quatro palavras**
Linha 5	**Quem? O quê?**	**Um substantivo**

"Synquain".

Desespero	**Uma rapariga**
Cheio, assustador.	Assustado, perdido
Torturar, esmagar, sufocar	Andar, conduzir, lembrar-se
Na armadilha das circunstâncias, vê-se uma luz	No limite entre a realidade e o nada
Acordar	Guardado

TÉCNICA DE DIAMANTES

Diamanta, uma forma de verso de sete linhas, em que a primeira e a última são conceitos com significados opostos, é útil para trabalhar com conceitos de significado oposto. Descrição:

1 **, linha 7** - substantivos antónimos;

2 - dois adjectivos para o primeiro substantivo;

3 - três verbos para o primeiro substantivo;

4 - dois sintagmas nominais;

5 - três verbos para o segundo substantivo;

6 - dois adjectivos para o segundo substantivo.

"Diamante."

Morte	**Vida**

Inevitável, prematuro.	Um efémero e valioso
Dar, calar, privar.	Alegre, gratificante, comovente
A noite sem fim, o frio eterno	Faz surpresas, toma uma decisão
Priva, enfurece, concede	Assusta, tira, acalma.
Cores vivas, todo o tipo de sons.	"Resolve problemas", um sentimento de injustiça
Vida	Morte

A TÉCNICA DAS "PERGUNTAS DIFÍCEIS"

As perguntas densas e finas são utilizadas para organizar o questionamento mútuo. Uma pergunta fina implica uma resposta curta e inequívoca. Uma pergunta de resposta grossa implica uma resposta extensa. Depois de estudar um tópico, pede-se aos alunos que formulem três perguntas "finas" e três "grossas" relacionadas com o material aprendido. De seguida, os alunos interrogam-se uns aos outros utilizando as tabelas de perguntas "densas" e "densas". Exemplos de perguntas **"densas"** podem incluir as seguintes: Dar três explicações porque é que...? Explicar porquê...? Porque é que acha que...? Porque é que acha que...? Qual é a diferença? O que aconteceria se...? E se? Estivesse lá? Concordas? É verdade? Exemplos de perguntas **"subtis"**: Quem? O quê? Quando? Pode? Será? Poderia? Qual é o nome de...?

Questões subtis

Quem é o autor do conto "A Capa Preta"? Quem é a personagem principal da história "A capa preta"? Quando é que o acontecimento tem lugar? As personagens têm nomes? O que aconteceu à rapariga do casaco preto? Com quem é que a rapariga se encontrou? A rapariga poderia ter ficado lá?

Questões espessas

Explique por que razão a rapariga se encontra nesta situação. Explica por que razão o autor utiliza as cores preto e branco? Concorda com o autor que trouxe a rapariga de volta ao mundo real? As heroínas da história fizeram a coisa certa?

TÉCNICA DE CLASSIFICAÇÃO

"Classificação" (do francês gapdeg - alinhar) - uma técnica em que o aprendente organiza todos os objectos da lista numa fila por ordem ascendente ou descendente, significado ou importância, etc. de um determinado critério. A "classificação" ajuda os alunos a analisar e avaliar os elementos de um objeto, a definir e especificar os seus critérios de seleção, a argumentar sobre as opções selecionadas, a considerar e comparar argumentos "a favor" e "contra", a considerar questões de diferentes pontos de vista.

O que é que é importante para mim?

Vida, tranquilidade, amor, estabilidade, felicidade, paz, bem-estar, saúde, família.

O que é importante para uma rapariga?

Para aquecer, para fugir, para encontrar, para recordar, para regressar, para amar, para morrer, para esquecer.

MATCHMAKING

Quando se utiliza a técnica de correspondência, os alunos têm de fazer corresponder uma palavra ou frase a uma descrição, o que é uma boa forma de reforçar o significado dos conceitos.

Casaco preto.	Crianças, adoro-vos

Desde que o fósforo esteja aceso	e teve pena dela.
Não quero continuar a fazer isso,	Salva-te de tudo
Alguém se colocou silenciosamente à sua frente.	Ainda se pode salvar

TÉCNICA DA FÓRMULA POPS

A fórmula PRES- Posição- Razão-Explicação ou Exemplo-Síntese significa "Posição- Razão-Explicação ou Exemplo-Síntese". PRES-formula- Position-Reason- Explanation or Example-Summary significa "Posição, Razão, Exemplo, Consequência". O valor desta técnica reside no facto de permitir aos alunos exprimir brevemente a sua própria posição sobre o tema estudado. Uma declaração curta, de acordo com a fórmula PSS, consiste em quatro elementos:

P - posição (qual é o ponto de vista)	Acredito (acredito) que ...
O - justificação (argumento em apoio de uma posição)	... porque ... porque.
P - exemplo (factos que ilustram o argumento)	... por exemplo .por exemplo....
C - consequência (conclusão)	... portanto ... portanto

POPS - fórmula sobre o tema: "A rapariga tinha razão em suicidar-se?"

П	Penso que a rapariga foi imprudente na sua decisão de se suicidar.
O	Porque essa decisão poderia ter levado a outros infortúnios.
П	Por exemplo, a morte de um feto, a doença e as experiências de entes queridos.
C	E é por isso que não se pode tomar decisões difíceis em momentos de desespero, de raiva.

Assim, a utilização da tecnologia do pensamento crítico no processo de ensino e aprendizagem ajuda a aumentar o interesse tanto pelo material estudado como pelo próprio processo de aprendizagem; a capacidade de pensar de forma crítica e responsável sobre a sua própria educação; a capacidade de trabalhar em cooperação com os outros; e a melhorar a qualidade da educação.

LITERATURA

1. Diane Halpern. The Psychology of Critical Thinking. - São Petersburgo, 2000.
2. Janie Steele, Kurt Meredith, Charles Temple. Projeto: Leitura e Escrita para o Desenvolvimento do Pensamento Crítico // Manual de Formação. - Bishkek, 2000.
3. Petrushevskaya L.S. Casaco preto. - M., 2014.

Printed by Books on Demand GmbH, Norderstedt / Germany